풀잎 물고기

풀잎 물고기

성배순 시집

Poems by Seong Bae Soon

 동학사

■ 시인의 말

제대로 옮겼는지 모르겠다.

우리 집에 오신
이루나, 김태빈
두 신들의 언어를.

2024년 초가을
세상의 마루에서 성배순

풀잎 물고기

성배순 시집

■시인의 말 5

01
모텔 밤늦

손톱 때 • 11
귀가 순하다고? • 12
무인도 • 13
장마 • 14
빵 생 • 15
개망초 • 16
포노사피엔스 3 • 17
단풍 • 18
거짓말 • 19
우리 집 티라노사우루스 • 20
나는 왕이로소이다 • 21
검은 비닐봉지 • 22
어떤 폭력 • 24
모텔 밤늦 • 26
내가 만일 마흔이라면 • 27

02
세종호수공원에는 잉어가 산다

월하독작 • 31
비문증 • 32
유리천장 • 33
동상이몽 • 34
얼추 시인 • 35
세종호수공원에는
  잉어가 산다 • 36
일상 • 37
칡꽃 • 38
손자 보기는 힘들어 • 40
시인 친구 • 41
연극이 끝나고 • 42
신오감도 • 44
풀잎 물고기 • 46
고향에는 귀신들이 산다 • 47
번제 • 48

03
그대 춤을 추고 싶은가

다반사 • 53
교육효과 • 54
그대 춤을 추고 싶은가 • 55
사랑 • 56
윤회 • 57
가시버시 • 58
과분한 사랑 • 59
독거 • 60
봉사활동 • 61
입안의 가시 • 62
나비잠 • 64
시집 • 66
가을, 고수레 • 68

04
시 창작법

하얀 국화 • 71
저수지 • 72
미끄럼틀 • 73
자장가 • 74
닭다리를 뜯으며 • 75
제사 • 76
나무 도마 • 78
오색 도화 • 79
산불 • 80
시 창작법 • 82
터미널 케어 • 84
검은 비닐을 벗기며 • 85
화장지 스승 • 86

손톱 때

3살 아기랑 엄마가
실랑이를 한다.

어머나 손톱 속에
세균들이 득실득실하네.

엄마는 호들갑을 떨며
긴 손톱을 깎으려 한다.

싫어 그럼 바글바글
세균들이 배고파.

3살 부처님 말씀에
엄마가 합장을 한다.

귀가 순하다고?

내 귀는 쓰레기통
얼마든지 욕을 해도 좋소.
귀가 어두운 신랑.
욕을 담지 못하는 깨끗한 통, 이
밝게 말한다.

무인도

문득
물 밑을 보니
깊은 곳에서 손에
손잡고 있는 수많은 섬.
나는 무수히 많은 엄마가
손잡은 몸이구나.
무덤이구나.

장마

비 그치면
풀 쑥쑥 자라있겠지.

강둑의 잡초
베는 일 하는 신랑.

내리는 비 맞으며
흠뻑 웃는다.

빵 생

뜨거운 붕어빵을
후후거리며 먹는데

물고기는 물에서
어푸어푸해야 해.

3살 아기가 붕어빵을
어항에 방생한다.

개망초

시집간 지 20여 년 넘은

엄마 집 방문한다. 7월 한낮.

오랜만에 찾아오는 자식들

행여 못 찾을까 어머니는,

무덤에서 신작로 길까지

하얀 꽃 등 무더기로 내어 거셨다.

포노사피엔스 3

스마트폰에 저장된
할아버지 얼굴
톡톡 클릭한다.
할아버지 눈
내가 크게 해줄게.
늘어진 눈꺼풀로 덮인
일자가 된 작은 눈동자 위에,
엄지와 검지
붙였다 떼었다 하며
아기는 할아버지 눈을
자꾸만 확대한다.

단풍

일흔의 어머니 시집을 가네.
볼연지 찍고 족두리 쓰고

노랑 저고리 위에 금박으로
수놓은 붉은 활옷 입으셨네.

은비녀 양쪽에 댕기 감아 내리고
서른여덟 아버지한테 시집가네.

흔들흔들 가마 타고 시집을 가네.
잘 도착하셨나요? 올려다본

하늘에서 포르르 나를 향해
내려앉는 단풍잎 새 한 마리.

거짓말

할머니 안아줘

팔 아파서 안 돼.

개미가 너무 많아 걸을 수가 없어.

이렇게 눈이 오는데 개미가 어디 있어?

이거는 눈이 아니고 하얀 꽃이야.

늦었어, 빨리 가자.

우리 집 티라노사우루스

어깨 위에 다리를 얹고
목마를 해달라는 손자.
한번 목을 감으면
좀처럼 내려오지 않는다.
턱턱 숨이 막히고
어깨가 아파
하얀 이빨을 드러내고
발등을 살짝 깨물었더니,
티라노사우루스라며 운다.
크앙! 그 울음소리 무섭다.

나는 왕이로소이다

수염이 갈색으로 늘어진 옥수수.

하나같이 까치 까마귀 기미 상궁이

조금씩 미리 먹어 본 옥수수.

어린 왕은 맘 놓고 오물오물.

그 모습, 짐이 보아도 흐뭇하구나.

검은 비닐봉지

고구마 뿌리 잡고
지상으로 올라온
흙 묻은 비닐봉지 하나
건널목을 건넌다.
생각이 없는 듯
바람에 몸을 맡기고
펄렁펄렁 걸어간다.
나폴, 나비가 되었다가
푸드덕, 새가 되어
나무꼭대기에 앉는다.
썩은, 혹은 썩어가는
세상에서 오롯이
썩지 않는 몸뚱이
가득 초록 바람을 먹는다.
다시금 웅덩이를 지나고
골목 귀퉁이 노오란

씀바귀꽃 피운 개똥 옆에서
피시식, 몸뚱이가 움츠러든다.
개울물에 대가리를
처박고 물을 먹는다.
질긴 몸뚱이 푹 담가본다.

어떤 폭력

낙엽이 수북한 숲길
싸리비로 칼질하니 벌레들
몸 숨길 옷 찾느라 분주하다.
뼛속까지 비운 새들
이 나무에서 저 나무로
푸드덕 허둥댄다.
쪼쪼쪼, 다람쥐는 쏜살같이
나무를 기어오른다.
내가 저지른 폭력에
온 숲이 당황한다.
멍하니 바라보다가
문득 흙길 건너는 지렁이
풀숲으로 옮긴다.
내 삶을 간섭하지 말라며
필사적으로 빠져나가는 붉은 몸,
꿈틀꿈틀 오체투지를 한다.

집으로 돌아가는 길
수백 마리 벌레가 되는 지렁이 본다.

모텔 밤늦

짙푸른 녹색 잎에 거무튀튀한 갈색 몸 숨기고
숲의 고요를 갉아먹던 떠들썩 짤름나방
모텔에 바람이 일자 잘름 몸을 뒤튼다.

누런 개옻나무 열매 주렁주렁 흔들거리는 숲속
공주의 정안 밤늦* 모텔에는 길쭉길쭉한
노란 샹들리에가 사방팔방 활짝 늘어져 있다.

쉴 새 없이 붕붕거리던 검은 줄무늬 옷 사내들,
나폴나폴 노란 치마 처자들 밤늦으로 숨어든다.
밤늦, 고요하게 신성하게 진동을 한다.

---

* 밤꽃의 다른 이름

내가 만일 마흔이라면

직장에 사표 던지고
홀연히 배낭 하나 메고 발리로 떠나리.
오토바이 한 대 빌리고
궁핍해도 좋을 구릿빛 사내를 태우리.
뜨거운 정오의 햇빛 받으며
골목 구석구석을 돌아다니리.
달빛 비치클럽에서 몸 흔들어보리.
바나나 잎으로 포장한 시집을 풀어
너랑 나랑 밤새 낭독해보리.
새벽녘 맨발로 백사장 걸어보리.
모래 박힌 발을 씻겨주고
세계의 배꼽 아궁산 아래
푸르딩딩 댓잎 위에 누워보리.
내가 만일 마흔이라면…….

02 / 세종호수공원에는 잉어가 산다

월하독작

마당 가득 달빛 차오른다.

술지게미를 드신 어머니

하얀 모시 적삼 덩실덩실 춤춘다.

창호지 구멍으로 훔쳐보던 나

덩달아 촐랑촐랑 춤춘다.

비문증

내게는 날파리란 이름의 충사가 있지.
그들은 검은 날개옷을 입고 있지.
그들을 피해 어둠 속으로 몸을 숨기면
충사들도 몸을 감추고 나를 엄호하지.
짐은 오롯이 홀로 있으면 안 되는
귀하디귀한 몸이로구나.

유리천장

세상에는 유리천장이 있다고 한다.

투명천장에 머리를 부딪쳐

피 철철 흘려 보았으면.

개천의 미꾸라지는

유리 에스컬레이터를 타고

진작에 용이 되었다고 한다.

동상이몽
- 신랑의 일기

기침이 왜 이리 심해요.
아내가 쿨럭이는 내게 다가온다.

왈칵 쏟아지는 눈물, 콧물
삼십 년 만에 처음 듣는 따뜻한 말.

제발 좀 어떻게 해봐욧.
기침 소리에 손자가 깨잖아.

얼추 시인

도대체 이 개천은 왜 이리도 얕은 거냐.
훤히 다 보이는 몸뚱어리 부끄럽구나.

가끔 몸 꿈틀거려 뿌우연 진흙 속에 숨는다.
몰래 덩치를 키워 이무기라도 되어 보자던

키 작은 미꾸라지 시인
바닥에 납작 엎드려 얼추탕을 먹는다.

길쭉길쭉 수제비로 추어탕을 흉내 낸
텁텁하고 얼큰한 추어탕 서자 얼추탕.

시래기 위에 초피나무 열매 가루 듬뿍 넣어
땀 뻘뻘 흘려가며 얼추탕 먹는 얼추 시인.

세종호수공원에는 잉어가 산다

생강나무꽃 노란 향기가 어질어질하다.
나무다리 위로 발자국 소리 들리면
비단을 감지 않은 검푸른 몸 흔들며
툭 튀어나온 살구색 입술 내민다.
뻥긋뻥긋 물어보고 또 물어본다.
호수 밖 어딘가 바다로 가는 길이 있는지.
아가미 속으로 밀려오는 허기.
둥둥 떠 있는 먹이 온종일 먹어도
빵빵하니 헛배만 부르다.
호수의 넓이에 맞게 키운 몸,
뜬구름 위에 앉아 곰곰 생각해 본다.
민물고기가 바다에 가면
온몸의 수분 빠져 죽는다는 꼬리를 무는 파문.
지느러미 끝에 묻어 가장자리로 퍼진다.
공연히 진흙 속에 머리를 박고
흙탕물 일으키는 노오란 봄날.

일상

갯바위는 귀가 참 어둡다.
절벽에 부딪히는 파도 하얗게 거품 문다.
고동, 소라, 갈매기 모두 그 내막을 잘 안다.
밤이 되면 파도의 목소리 점점 거칠어진다.

파도는 귀가 참 밝다.
등을 돌리고 있는 바위
파도의 허물 외칠 때마다
온종일 귀가 가려워 몸을 뒤척인다.

때때로 파도는 바람의 힘을 몰아 바위를 흔든다.
아랑곳하지 않는 바위 꿈쩍도 하지 않는다.
제 몸 여기저기 자잘한 구멍 속으로
파도가 들락거려도 모르는 척 명상에 빠져 있다.

칡꽃

번암터에서 고개 하나 넘어
자말로 시집온 울 엄니.
말라비틀어진 칡 쪼가리
질겅질겅 씹는디,
고놈 하도 씹어 싸서
이빨 모조리 빠졌는디,
써서 비틀어진 고것이
잘근잘근 씹다 보니께
달짝지근하다더니,
서른여덟에 서방 보내고
고때는 참말로 사는 것이
쏩쓰름하고 그랬다는 디,
입술이 검도록 씹다 보니
달콤 쌉사름하다더니,
젊은 서방 만난다고
연지곤지 화장 곱게 하고

너울너울 꽃가마 타고 가더니,
이제야 달큰한 홍자두 빛 서신 보냈네.

손자 보기는 힘들어

딩동, 현관문 들어서자마자
3살 손자 크앙 서럽게 운다.

안아주려고 뻗은 팔 때린다.
집으로 돌아가라고 젖 먹던 힘
다 동원해 문밖으로 떠민다.

예순 넘은 어른 둘
세 살 아기를 못 이긴다.

시인 친구

탐매 소풍 길. 바람 부니 향기 온다.
겨우 한 행 옮기니, 친구는
매화 보니 눈물 난다, 한다.
야간 벚꽃 축제장. 꽃이 눈부시다 읊으니,
환하게 불을 켜 잠을 방해했다며
친구는 꽃에게 미안하다, 한다.
소담스럽다, 수국을 노래하니,
친구는 욕봤다며 수국, 쓰다듬는다.
작고 향기 없는 몸, 벌 유혹하기 위해
탐스런 가짜 꽃 올리느라 고생했다, 한다.

연극이 끝나고

커튼 뒤에서 그가 옷을 갈아입는 동안
우리는 무대 위로 흰 꽃을 던진다.
그의 마지막 대사를 돌아가며 읊조리며.

죽어도 죽지 않는다는 티베트의 고승
몸이 썩지 않도록 툭담*의 명상을 한다지.
얼굴의 홍조, 보드라운 피부를
온기 속에 잡고 있다지.

툭담을 모르는 평범한 배우이던 그.
식물의 몸을 타고 올라가
잎이 되고 꽃이 되고 열매가 되고
바람의 먹이가 되고 싶다던 그.

---

* 티베트의 고승들은 깊은 명상을 통해 죽어도 죽지 않는다는데, 심장이 멈춘 후에도 몸에는 여전히 온기를 갖고 있다는데, 피부는 여전히 보들보들하고 얼굴엔 홍조가 있다는데, 도대체 왜 그러는 거요?

의 껍질, 종횡무진 활보하던 발자취, 몸짓들
삽 위에 앉아 흙의 입속으로 들어간다.
룰랄랄 신나게 다음 배역을 기다리며,

신오감도

 한 떼의 아이들이 도로를 질주하오. 가죽 방패 옷을 입고 투구를 눌러 쓴 배달의 민족 아이들이면 더없이 좋소. 도로는 꽉 막힌 막다른 골목 투성이오. 면발이 불면 일당이 깎여 밟소. 동그란 페달을 밟으면 밟을수록 통장의 동그라미가 늘어나오. 한 아이가 붕붕 하늘로 솟구치오. 귀청을 때리는 엔진 소리로 다른 아이도 튀어 오르오. 도로는 솟구치는 아이와 튀어 오르는 아이들뿐이오.

 도로는 절벽으로 이어진대도 상관없소. 한 아이가 낭떠러지로 뛰어내려도 좋소. 뒤의 아이도, 그 뒤의 아이도 흉내 내며 낙하하오. 절벽은 계단으로 이루어져 아이들이 통통 착지하오. 투구를 벗은 배달의 신께서 땀을 닦으시며, 운동장 한가운데 서서 짜장면 시키신 분을 소리쳐 찾으오. 사각의 돗자리 위에 김이 모락모락 나는 동그란 접시. 식기 전에 도착한 것을 보고, 아이들은 함성을 지르오. 띵똥, 통장에 돈이 들어오는 소리 경쾌하오? 돌아가는 길은 탄탄대로니 세상 이보다 더 좋을 순 없소?

풀잎 물고기

저수지 옆 풀잎 끝
아슬아슬 구름판에 앉아
흔들흔들 때를 기다리는
이슬방울 물고기.
하얀 구름이 되려
지느러미 버리고
속도 죄 비우고
맑은 눈동자 하나만
오롯이 남긴 투명 물고기.
구름 속으로 날아간다.

고향에는 귀신들이 산다

푹푹 찌는 한여름 밤 마당에
멍석 깔고 누워 삶은 감자와 옥수수 먹는다.
타닥타닥 매캐한 모깃불이 진한 쑥 냄새 풍길 때
어머니의 귀신 이야기는 계속된다.
뒷간의 측부인은 흑진주의 머릿결 가졌단다.
쉰 자가 넘는 긴 머리카락 가졌지.
한 올 한 올 숫자 세며 빗질 한단다.
그러니 측간에 갈 때는 흠, 흠 헛기침 하여라.
그녀가 깜짝 놀라서 세던 머리카락 숫자 잊어버리면
측간에 들어온 사람 빠뜨려 죽이거든.
다행히 잊어버린 숫자 생각나면
긴 머리카락 내려뜨려 구해주기도 하지.
그러면 그 집 엄마, 측부인에게, 동네 사람에게
똥 떡 돌려야 하는데, 우리 집은 떡 할 쌀 없으니
아가야! 뒷간 갈 때는 조심하고 조심하여라.
귀신들이 산사람들과 함께 밥 먹고 잠자고
귀신이 귀신 불러 고향 마을 시끄럽게 하던 밤.

번제

클릭, 전쟁 중인 나라의 어미는
3m 철조망 너머로 아기를 던져요.
클릭, 철 가시에 찔린 아가가 자지러지게 엄마를 찾아요.
클릭, 가족의 생계를 위해 조혼하는
어린 여자애들의 초점 잃은 눈동자.
러시아의 폭격으로 폐허가 된 학교에서
아이들이 졸업사진을 찍어요, 클릭.
가족의 빵을 사기 위해 신장을 팔고
콩팥을 파는 아프간 엄마들, 클릭.
여장한 어린 아프간 소년 바차가 물끄러미 나를 보아요. 클릭.
클릭 클릭 화면을 넘기며 나는 빵을 먹어요.
빵빵한 빵은 한 입 물어뜯으면 속이 빈 공갈빵이에요.
먹어도 배가 고픈 나는 20대에 입당한 고혈당원이

지요.
　온종일 물을 마셔도 자꾸만 갈증이 나요.
　당신의 침묵에 대해서 온갖 질문을 하면서
　빵을 먹다가 자주 켁켁 목이 메어요.
　그럴 때면 창문 밖으로 삐죽 고개를 내밀고
　반짝이는 두 눈동자 거울을 당신에게 보여요.
　세상에서 가장 아름다운 물物을 당신께 드려요.
　전지전능한 이 동물動物, 마음에 드시나요?

03 / 그대 춤을 추고 싶은가

다반사

스님 부처님이 뭐라고 했다고요?
제 귀가 어두워서요.
좋군요.

귀가 먼 신랑이
환하게 귀를 가까이 연다.

교육효과

볶은 서리태 콩 껍질을 벗겨
쓰레기통에 버리는 아기.

껍질도 맛있는 거라며 내가 먹으니

아기는 알맹이는 저 먹고
껍질만 모아서 내게 준다.

그대 춤을 추고 싶은가

바람은 왜 부는 걸까?
손자에게 물으니
나무들이 춤추고 싶어서란다.

발을 조금 삐딱하게 해볼까
예순 넘은 날 순간 생각하는데
벌써 코앞에 바람이 섰다.

사랑

뽑아도 뽑아도 쑥쑥 자라나는.

잊으려 해도 자꾸만 생각나는

나는 그대의 잡초, 개망초.

윤회

엄니가 통 안 보여야.
언니두? 나두 그려.
우덜 엄니가 삐치셨나?
설핏 잠이 들었는디,
모처럼 엄니가 오셨다.
다시는 찾아 댕기지 말라고
츰부터 그곳에 없었다고,
을마나 더 꿈속을 오르지 않어야
말귀를 알아 듣냐고
호통을 치시는디,

가시버시

어제는 가시를 곧추세워

으르렁거리고

오늘은 뭉뚝해진 가시가 측은해

꼬옥 안아주는

잃어버린 나의 거울.

과분한 사랑

선물 받은 구찌 가방
한 번도 들고 나간 적 없다.
가방을 들면
옷이, 구두가, 걸린다.
화장품이 새서
가방을 버리면 어쩌나
부딪혀서 흠집이 나면 어쩌나
장롱 속에
고이 모셔두었다.
당근마켓 여기저기 올라와 있는
이름만 들은 명품들.
왜 당근에 명품이 많은지
이제야 알겠다.

독거

해마다 복사꽃 피고 지고
아침이슬에 거미줄 반짝인다.
온종일 바람만이 들락거린다.
노인은 며느리에게 전화한다.
잘 있냐? 김치 가져가라
새벽부터 거미줄 쳐본다.
아이고 기름값이 더 나가요.
김치는 시어 꼬부라지는데
나뭇잎은 다 떨어지고
눈발은 점점 굵어지는데
오늘도 바람 하나 잡지 못한
늙은 거미 한 마리
온몸으로 집을 흔들어 본다.

봉사활동

요양원 봉사활동 공연 끝내고
화장실에 앉아 듣는다.

할머니 왕년에 노래 좀 했다고
자꾸만 봉사활동 공연할 때마다
음정이 틀렸네 박자가 틀렸네
큰소리로 방해하면 곤란해요.

봉사는 무슨 놈의 봉사
음정 박자 틀린 노래 들어주고
손뼉 쳐주는 우리가 봉사하는 거지.

입안의 가시

오톨도톨 입안의 가시는
알을 슬고 새끼를 치고
빽빽한 숲을 이룬다.

마스크로 꽁꽁 싸매도
삐쭉삐쭉 밖으로 튀어 나간다.

눈을 맞추는 이들에게도
콕 날아가 박힌다. 아가는
으앙으앙 울음을 터뜨리고

고양이는 슬금슬금
뒷걸음질 친다. 참새들도
후다닥 나무 위로 도망간다.

나는 무척이나 아름다운
꽃인가 보다. 이리도 많은
가시가 있는 것을 보니.

나비잠

    손가락에 창호지 툭툭 터지던 소리가 멈추자
    오금쟁이에, 발바닥에 쥐가 나는 듯
    겹겹의 한복 속에서 색시는 자꾸만 발을 바꾼다.

    손가락에 침을 묻혀 콧등에 바른다.
    찢어진 문틈으로 살짝 들어온 살랑바람
    꽃잠에 떨어진 어린 신랑, 발끝으로 슬쩍 건드려 본다.
    비녀 끝에 앉은 쇠나비 한 마리, 공연히 나풀거린다.

    찔레꽃 향기는 코끝에 매달려 대롱거리고
    자꾸만 갈증이 일어 자리끼를 벌컥 들이키던
    색시는 팔을 들어 겨드랑이 땀을 말린다.

그만 나비잠*을 빼고는 빠끔히 문을 연다.
마루 끝에 서서 훠이훠이 춤을 춰 본다.

---

* 날개를 편 나비 모양으로 만든 비녀. 새색시가 예장(禮裝)할 때에 머리에 덧 꽂는다.

시집

처마 밑, 짓다 말다
멈춘, 흔적도 희미한 곳에
위태위태 다시 집을 짓는다.
간혹 키보다 긴
지푸라기를 물어다가
얼기설기 엮는다.
진흙을 찾아 발품을 팔고
요모조모 살핀다.
풀잎으로 바닥을 깔고
제비 서방을 불러
흔들흔들 라라라.
이방 저방 툭툭
알들을 쪼던 그가
지지지지 주지주지
제비 말로 운다.
내 알이 아니오, 툭

네 알이 아니오, 탁
알들을 둥지 밖으로 민다.
쨍그랑, 철퍼덕, 와장창.
오롯이 눈을 뜨니
시방 집이 없다.
간데 온데 없다.

가을, 고수레

발갛게 말랑거리는 요 감은
아침을 깨워준 까치밥.
금방이라도 터질 듯 붉은 저 감은
서쪽 하늘에서 방금 돌아온 까마귀밥.
푹 익어 바닥으로 철퍼덕 한 거는 참새밥.

굴참나무, 졸참나무, 갈참나무, 떡갈나무
잎사귀도 열매도 비슷비슷한 나무 밑.
요 상수리는 다람쥐 맘마,
조 상수리는 토끼 맘마, 노루 맘마.
엄마 따라 아이가 고수레한다.

가마솥으로 만든 찰랑찰랑 묵.
윗집 아랫집 개울 건너 할머니 집까지
심부름 갔다 오면, 비로소 내 입에 들어오던 묵.
옛일 말하며 개미에게 고수레하며 묵을 삼키다가
우리는 갑자기 캑캑거리며 말을 잊는다.

04 / 시 창작법

하얀 국화

몸속을 흐르는 노비의 피.

몸을 바꿔도 남아 있는가.

느닷없이 상전이 죽자

오늘도 순장 당하는구나.

저수지

가까이 오지 말라고

자색의 가시연꽃에

가시를 밀어 올리더니

오늘은 바닥까지 죄 다 보이며

푹 빠져 보라 하네.

미끄럼틀

어둡고 기인 터널.
롤러코스터, 덜커덩 기차.
도레미 랄랄라 계단.

주름 건반 두드리며
아기가 탈출하고 있다.

어디쯤 오고 있니?
안이 보이지 않는 입구에서
엄마는 애간장이 탄다.

땀 범벅된 얼굴을 보이며
아가가 으앙 울음을 터뜨린다.

자장가

사록사록 눈이 내려요
달님도 스르르 눈을 감아요.
눈부신 아침 해가
저 나무에 걸릴 때까지
자장자장 우리 아가 코코 잘도 자요.
하악하악 지붕 위 야옹이
사뿐사뿐 창가로 와서
가르릉가르릉 코를 골아요.
대문간에 멍멍 강아지도
새록새록 눈을 감아요.
부엉부엉 부엉이도
크릉크릉 잠이 들고요.
꼬꼬 어미 닭 날갯죽지 속으로
삐악삐악 병아리도 숨어들어요.
아기는 말똥말똥 눈을 뜨고요.
엄마 혼자 드르렁 코를 골아요.

닭다리를 뜯으며

커다란 날개를 펼쳐 병아리를 품는 어미 닭
영상을 보면서 닭 다리를 뜯는 와촌 닭.
사냥감이 없어 쫄쫄 굶던 빙하기에 고기를 본 듯
게걸스럽게 뜯는 네안데르탈인 닭.
문득 닭이 울기 전 세 번이나 모르쇠 하던 때,
옥황상제에게 돌아간 선녀를 지붕 꼭대기에 올라 꼬끼오
부르던 때 생각나는 듯, 잠시 멈칫하는 닭.
아뿔싸, 닭 다리를 방바닥에 떨어뜨린 닭.
잽싸게 후다닭 주워 먹는 닭.
닭 다리가 아야 했다고 호호 불어주는 아이 닭.
가슴이 갑자기 콩닭거려 토닭토닭 안아주는 닭.
가슴 밑바닭에서 들리는 파닭파닭 날갯짓 소리에
술이 확 깨는 닭, 땀인지 기름인지
미끌미끌 축축한 손바닭 발바닭.
아, 자신을 참 맛있게도 먹는 닭.

제사

사바에서 서쪽으로
약 10만억 킬로미터 떨어진
그 먼 나라 불국토에
연꽃으로 화생하라더니,
더 이상 윤회하지 말고
극락왕생하라더니,

유세차 효자 배순
축문을 왜 하는 거니?
아들 취직시켜 달라,
손자 보게 해 달라,
언제까지 엄마 치마 붙잡을 거니?

모질고 징글징글한
사랑하는 내 딸아
이 에미는, 30년 전에 죽은

너의 어미는
언제쯤이면 제대로
눈 감을 수 있는 거니?

나무 도마

잡식성이다.
하늘의 새도
숲속의 짐승도
물속을 헤엄치는
물고기도 다 먹는다.
먹어도 늘 허기진 배.
하루에 몇 번 칼 휘둘러
피를 봐야만 직성이 풀린다.
배고파 잠을 이루지 못해
몸이 한쪽으로 틀어졌다.
몸에 흐르던 피의 길이
선명하게 무늬가 된,
마을 정자가 되어
속 시원한 그늘
만들고자 던
느티나무,
괴목.

오색 도화

　이마가 하얗게 빛나는 목사를 보러 새벽마다 교회에 나가 종을 울리던, 화장실에서 나오는 덥수룩한 목사를 본 후로 교회 대신 다락방에 올라가 혼자 기도하던 연한 하양의 10살 소녀, 벚꽃만 그리는 늙은 화가의 전시장에서 바지의 앞 지퍼 밖으로 삐져나온 셔츠를 본 후 도망쳐 나온 진한 하양의 스무 살, 송신증이 솟구쳐 아이를 등에 업고 밤거리를 마구 헤매던 서른의 연분홍, 끄억끄억 목이 둥글게 휜 젊은 남자의 울음소리 악기에 빠진 중 분홍 마흔, 하양에서 분홍까지 가지마다 골고루 눈물 나는 진분홍 쉰. 다섯 가지 색깔이 한데 섞이지 않고 따로따로 어울려져 한 나무가 되었구나.
　열매를 포기하고 오로지 꽃을 피우기 위해 온 생을 꽃만을 피우고 있구나.

산불

1.
수분 마른 흙들 버석거리는
대머리 붉은 바위들 헉헉대는
레드락 마운튼 그곳에서 살아가는
키 작은 떨기나무들 감사하듯
땅에 엎드려 살고 있다.
뜨거운 그곳에 불을 지른다.
관목들 살리기 위해서라고
하늘 보며 빗방울 기다리는
줄기들 모조리 태운다.
줄기는 다 타버렸지만
뿌리는 땅속에서 버틴다.
비가 잠시 스쳐 지나가면 초록 손
조금씩 펼쳐 보인다.
요기요, 요기 있어요, 소리치며
태양을 닮은 꽃망울들 터뜨린다.

꽃구경 나온 사람들
가슴에 불을 지른다.

2.
인간은 신들의 떨기나무.
신들의 정원 한구석을 차지한
관목. 신들은 인간을
살리기 위해서라고 불을 지른다.
건강하게 살아남으라고
헉헉거리는 관목들에게 불을 붙인다.
반짝 소생한 인간들은
어느 날 또 새로운 불을 만나겠지.
그리고는 다시 꽃도 피우겠지.
요기요, 요기, 하늘에 계신
하느님! 보시기에 좋으셨나요?
사람은 모두 키 작은 관목들.
정원 한구석, 떨기나무들.

시 창작법

1.

 멕시코 원주민인 타라후마라족은 사슴을 사냥할 때 무조건 달린다. 시속 70킬로미터로 달아나는 사슴의 뒤를 시속 30킬로미터의 빠르기로 뒤쫓는다. 배고프면 주먹밥을 먹으며 뛰고, 졸리면 졸면서 뛴다. 이윽고 도망치다가 지쳐 쓰러진 사슴, 어깨에 둘러메고 발자국 거꾸로 밟으며 걷고 또 걷는다. 의기양양 산 넘고 물 건너 집으로 돌아온다.

2.

 백석의 시를 읽다 까무룩 잠이 든 봄날.
 설핏 하얗게 빛나는 사슴을 본다.
 흰털이 보송보송 반짝이는 뿔을 본다.
 어떤 이도 오래전 그것을 보았노라,
 사슴이 너무 빨라 잡을 수 없었노라 한다.
 뿔이 아니라 자작나무 흰 가지라고
 봄날 내내 가슴앓이를 하는 내게 누구는 말한다.

여름이 끝나갈 무렵에서야 겨우 사슴이 먹은
나무의 싹과 잎과 껍질의 냄새를 맡는다.
숲속을 엉금엉금 기어 다닌 가을 한 철
낙엽 속에서 도토리, 상수리 껍질을 찾는다.
한겨울, 가득 쌓인 눈을 헤치고 나서야 본다.
발톱으로 껍질이 긁힌 두릅나무, 참나무 아래
환하게 쓰러져 웅크리고 있는 사슴의 해진 발굽을.
태양을 가두고 별을 가둔 검은 사각의 방에
정성껏 그것을 모신다. 두 손을 비비며 또닥또닥.

터미널 케어

공항 긴 의자 위에 가방 하나 누워 있다.
네 바퀴가 고장 났는지 의자에 주렁주렁 묶여 있다.
다만 그의 몸에는 터미널이라고 쓴 진단서가 붙어 있다.
바퀴엔 그가 굴러온 어떠한 흔적도 남아 있지 않다.
흙이며 지푸라기, 작은 모래 조각 하나 없이 깨끗하다.

한때는 사자 가죽을 뒤집어쓰고 으르렁 가계를 호령하던,
이른 아침 쭈글거리는 가죽에 기름칠하던,
하루도 빠짐없이 분갑을 열어 분칠하던,
그의 가죽이 헐렁하다. 늘 무언가로 꽉 차 있던.
창밖에는 비행기가 이륙을 시작하고 있다.

검은 비닐을 벗기며

낫을 휘둘러 무성한 잡초를 제거한다.
각각의 이름은 있겠으나 그저 잡초들.
한때는 온갖 생명들의 보금자리였던
초록의 몸뚱이들이 나뒹군다.
쉽게 녹으면 미세 플라스틱이라지.
흙이 되는데 천년이 걸린다는,
밭두둑을 덮었던 검은 비닐을 벗기며
그것의 쓸모없음에 대해 생각한다.
비닐을 벗기자 축축한 비닐에
악착같이 매달리는 달팽이들이라니.
햇살이 따가우니 도로 덮으라고
몸을 비트는 붉은 지렁이들 아우성이다.
우리를 모두 함께 있게 해주세요.
필사적으로 비닐 손을 잡는
밭이랑 밭고랑의 우거진 풀들.
흙은 무엇이든 쓸모 있게 하는구나.

화장지 스승

임종을 앞둔 스승이 입을 벌린다.
치아가 없고 혀만 있군요.
스승은 입속에 갇혀 있던
오톨도톨 엠보싱 돌기의 긴 혀를 내민다.
아, 혀만 남아 있는 이유가
부드러움이 단단함을 이긴 것이라고요?
스승이 허연 혓바닥을 휘둘러
바닥에 흘린 물을 흡 흡 핥아먹는다.
핏물도, 먹물도, 날름날름 흡수한다.
세상에 이기고 지는 것은 없다고요?
강함과 약함도 없다고요?
부드러움이 비로소 흐물흐물 죽는다.

풀잎 물고기

지은이 · 성배순
펴낸이 · 유재영, 유정융
펴낸곳 · 주식회사 동학사

1판 1쇄 · 2024년 8월 30일
출판등록 · 1987년 11월 27일 제10-149

주소 · 04083 서울 마포구 토정로53 (합정동)
전화 · 324-6130, 324-6131 | 팩스 · 324-6135
E-메일 | dhsbook@hanmail.net
홈페이지 | www.donghaksa.co.kr
www.green-home.co.kr

ⓒ 성배순, 2024

ISBN 978-89-7190-893-8 03810

저자와의 협의에 의해 인지를 생략합니다.
잘못된 책은 바꾸어 드립니다.
이 책은 세종특별자치시와 세종시 문화관광재단의 지원금을 받아 제작되었습니다.